AtV

Eva Strittmatter, geboren 1930 in Neuruppin, studierte 1947–1951 Germanistik in Berlin, 1951–1953 Mitarbeiterin beim Deutschen Schriftstellerverband, seit 1954 freie Schriftstellerin, veröffentlichte Kritiken, Kinderbücher, Gedichte, Prosa. Lebt in Berlin und Schulzenhof, Kreis Gransee. Gedichtbände: Ich mach ein Lied aus Stille (1973); Mondschnee liegt auf den Wiesen (1975); Die eine Rose überwältigt alles (1977); Zwiegespräch (1980); Heliotrop (1983); Atem (1988); Unterm wechselnden Licht (1990). Prosa: Briefe aus Schulzenhof I–III (1977, 1990, 1995); Poesie und andere Nebendinge (1983); Mai in Piešt'any (1986). Kinderbücher: Brüderchen Vierbein (1958); Vom Kater, der ein Mensch sein sollte (1959); Ich schwing mich auf die Schaukel (1975) u. a. Filmszenarium zu „Tinko“ (1956, gemeinsam mit Erwin Strittmatter). Heinrich-Heine-Preis 1975.

Ich bin keine Schriftstellerin, die sich mit Problemen befaßt. Natürlich gehen durch mich viele Dinge hindurch, die für die Zeit charakteristisch sind, sie fliegen mich an, weil sie mich in meiner Existenz betreffen. Ich schreibe über sie, sobald ich mit ihnen fertigzuwerden habe. Nicht das abstrakte Problem beschäftigt mich, daraus kann ich keine Poesie machen. Für mich muß das erst *vital* werden.

Meine Existenz wird nicht nur bestimmt von meinen Bedürfnissen und Interessen, sondern auch vom Leben meiner Familie, meiner Freunde, meiner Leser, und sie ist vom Ablauf der Zeit geprägt, von räumlichen Erweiterungen und Einschränkungen (von tausend Dingen ist die Einzel-Existenz betroffen). All das reflektiere ich in Poesie. Aber ich kann mir kein Problem *nackt, theoretisch* vorstellen, das ich in Gedichte umsetzen könnte. Es mag Dichter geben, die es können, die nach anderen Prinzipien verfahren. Ich bin nicht so ein Dichter.

Eva Strittmatter. Aus: „Poesie und andere Nebendinge“

Eva Strittmatter

Heliotrop

Gedichte

Aufbau Taschenbuch Verlag

ISBN 3-7466-1322-1

1. Auflage 1996
Aufbau Taschenbuch Verlag GmbH, Berlin

Umschlaggestaltung Torsten Lemme
unter Verwendung des Gemäldes
„Nächtliche Ausfahrt in Athen" von Csontváry
Satz LVD GmbH, Berlin
Druck Elsnerdruck GmbH, Berlin
Printed in Germany

Den Söhnen

I

Am Ende

Gleichzeitig dem, daß es einfacher wird,
Was zu sagen wäre: es lebe das Licht!
Rankt sich zur Kunst das Wort im Gedicht,
Von der zu einfachen Wahrheit beirrt.

Ich lebe. Ich sterbe. Es lebe das Licht.
Gebt Frieden. Laßt mich das Lebensbrot essen.
Ich hab es noch nicht zu Ende gegessen.
Ja, wäre denn das, vor der Kunst, ein Gedicht?

Am Ende wird alles zu einfach zum Sagen.
Am Ende heißt reden überhaupt schweigen.
Und selbst mit Blicken die Richtung zu zeigen
Ist schon so falsch wie die Antwort auf Fragen.

Der Morgen, der Abend, der Tag und die Nacht.
Der Frühling, der Sommer, der Herbst und der Winter.
Der Mensch ist verletzlich. Der Tod hat die Macht.
Gemalte Kulissen. Und Dunkel dahinter.

Doch vorn ist das Licht. Es lebe das Licht!
Überhaupt ist es gut, in der Sonne zu leben.
Und Worte braucht es dabei nicht zu geben.
So einfach am Ende wird das Gedicht.

Vorerst

In den Nächten sterben die Glieder mir ab
Und ich erwache. Dann muß ich *essen.*
Noch von der Todesstarre besessen,
Schlinge ich Brot wie Leben hinab
Und trinke gierig Nektarsaft,
Blühende Frühlinge in mir zu spüren.
Die herbstlich süß zu Früchten führen.
So hoffe ich auf Seelenkraft,
Gefaßt dem Tod entgegenzugehen.
Doch vorerst morgens aufzuerstehen
Fröhlich geschäftig und unbewußt.

Das nächtliche Grauen schlägt um in Lust.

Kindlich

Wir die wir eines Alters sind,
Wir wissen, wie die Jahre zählen
Und wieviel Leiden uns nun quälen,
Daß wir fast nur noch Körper sind.
Und wissen endlich doch: da drinnen
Verwandelt sich und altert nichts . . .
Beiseit vernünftelnden Verzichts
Hoffen wir immer ein Beginnen,
Kindlich, nur sehn wir nicht so aus:
Familienväter und Matronen.
Das Haus, in dem wir heute wohnen,
Wahrscheinlich ists das letzte Haus
Vorm *allerletzten*, wies die Alten
In ihrer Bildersprache nannten . . .
Doch wie wir schmerzlich uns erkannten,
Wolln wir getrost für uns behalten,
Gewiß, die Eingeweihten ahnen
Und nehmen als gesetzlich hin:
Am Ende heißt es Lebenssinn,
Ohne Schalmeienklang und Fahnen
In die verlorne Schlacht zu gehen.
Und ists nicht wahr: wir sind verloren?
Und sind zum Tode hin geboren?
Aber wir werdens überstehen
So Tag für Tag. Und manche Stunde
Mag gut sein und von Grün umkränzt.
Und wenn der Frühling uns beglänzt,
Singen wir als mit jungem Munde,

Weil Leben schön ist, einfach *leben*
Und nur zu fühlen,daß wir *sind* . . .

Um endlich einem reinen Kind
Die Welt und uns anheimzugeben.

Furchtlos

In dieser Welt zu leben,
Die so gewalttätig ringt und schreit
Vor Haß und Hunger, Lüge und Leid,
Und sich drüber hinwegzuheben,
So daß man vertrauensvoll sprechen kann
Zu einem Kind: das Leben ist gut,
Ist eigentlich mehr, als man leisten kann.
Dazu gehört ein Über-Mut
Oder Glaube, den ich in nichts besitze.
Ich fürchte des Wahnsinns Vernichtungsblitze.
Und doch sage ich: Das *Leben* ist gut.

Dürre

Das Land versteppt. Der Regen fehlt.
Das Gras: gelbe Erinnerung.
Die Luft: flüssige Glut, die schwelt.
Das Leben: träge Spiegelung
Von Leben, das in grünen Tagen
In einem grünen Land geschah.
Verzaubrung wie in alten Sagen.
Eh man die Sintflut steigen sah.

Bald

Das kurze rhythmische Rutenpfeifen
Der Rabenschwingen beim Überflug . . .
Das eine Paar, das die Gegend trug
Vor zwanzig Jahren, schien nur zu schweifen
Für einen Sommer in unsren Gefilden . . .
Nun könnten sie schon Flugketten bilden,
Die Wotansvögel, die Zeus uns gesandt!
Starräugig spähn sie ins liebliche Land
Und rufen einander, was sie da sehen.
Und unberufen kann keiner mehr gehen
Durchs Wiesenoffne zum bergenden Wald.
Die schwarzen Raben knarren: bald
Und kalt und bald und Wintersnot,
Wird sein ein eisig Morgenrot
Und knirschend Schnee und schneidend Luft.
Und ringsum noch alles September und Duft,
Den Sonne sommernd der Erde enthebt
Und der vom toten Kieferngrün lebt,
Das den Boden bedecket. So sagen sie wahr
Und spähen voraus ins wandelnde Jahr
Und lassen uns nicht im Zeitlosen schweifen . . .

Das kurze rhythmische Rutenpfeifen.

Vor Ostern

Die Birkenreiser sind seidig
Im Licht des Märzes. Krokusse blühn
Gelb. Violett. Die Böschung am Zaun
Zeigt ein neues Grün
Seit heute mittag. Abend weht
Schneidender Wind. Wenn nur nicht Ostern
Schnee niedergeht
Und löscht die Farben des Frühlings aus
Und treibt uns zurück in Enge und Haus.
Anstatt daß Sonne die Seelen entfaltet,
Mit ihrem Speer die Knospen aufspaltet.

Zeit wird es längst, daß auch wir wieder blühn
Aus den im Winter gespeicherten Mühn.

Deutsch-deutsch

Wie hätte ich denn ahnen sollen,
Als ich begann, Gedichte zu schreiben,
Daß nun so viele sich an mir reiben
Und andre versuchen, ihr Spiel zu treiben
Mit mir, die Dichtung nicht wollen,

Nicht Dichtung, sondern verwertbare Sätze.
Sie pressen Tendenz aus der Poesie.
Und plötzlich erklären sie mich zum Genie
Und beugen vor mir das kritische Knie
Und weisen auf die oberen Plätze

Im ihnen hörigen Dichterhimmel
Und bitten mich, darauf Platz zu fassen!
Ich kann diese plötzlichen Gönner nicht hassen,
Doch solln sie ihr Wohlwollen von mir lassen,
Samt Weihrauch und Reklamegebimmel.

Ich bin ihnen niemand und nirgendwo.
Sie irren sich, wenn sie mich namentlich nennen
Und glauben, meinen Glauben zu kennen.
Ich kann mich vom *Laut* der Worte trennen
Und bin doch in mir der Worte froh.

Denn das ist innen, was mir geschieht.
Die Zeit der Harmlosigkeit ist vorbei.
Was man mir sagt, ist mir einerlei.
Umlärmt von Parteiung und Fehdegeschrei,
Singe ich stumm mein menschliches Lied.

Weißdorn

Der Weißdorn ist abgeblüht,
Ohne daß ichs gesehen hab.
Der Weißdorn nah Assans Grab,
Des *Hundefreundes* aus zehn langen Jahren,
In denen wir viel Mal zusammen waren
Auf Dichterwegen im grünen Gelände . . .
Vor einem Jahr ging sein Leben zu Ende.
Nun liegt er begraben am Wiesenrand,
Da wo schon immer der Weißdorn stand.
Äsop, der junge Hund, läuft mit mir
Heiß eifernd durch das grüne Gelände.
Ein andrer Gefährte, kein neues *Tier*.
Mit Assan ging eine Epoche zu Ende,
Mein Lebensfrühling der mittleren Jahre,
Den ich nur noch in Gedichten bewahre.
Des jungen Hundes Daseinslust
Macht mir Vergänglichkeit stechend bewußt:
Herbstlich im Mai ist kühl mein Gemüt.
Und der Weißdorn ist ohne mich abgeblüht.

Der Feind

Verwandlung von Freundschaft in knirschenden Haß:
Kein Gleichgültig-Abkehrn, sondern ein Schleichen
In meiner Spur. Im hohen Gras
Schleicht so der Schakal im Mondlicht dem bleichen
Wie der Feind mich beschleicht, der mein Freund einst
gewesen.
Er sucht meinen Arzt auf, um zu *genesen*
Und um zu erhorchen, ob es mir geht?
(Wiewohl dem der Arzteid entgegensteht.)
Er befällt die Plätze, wo ich alltäglich lebe
Und bespricht die Leute, daß es mit mir was gebe?
Fragt man ihn nach mir, gibt er eisern bekannt:
Sie plant dies, sie schreibt das, fährt in jenes Land . . .
Als hätten wir uns grad gestern gesprochen
Und nicht schon vor Jahren die Freundschaft gebrochen.
So ist er mein Schatten, der mir verbleibt,
Durch seinen Haß bleibt er an mich gebunden,
Der Arme, den sein Dämon treibt.
Mir ist er mit Schwinden der Liebe entschwunden
Ins Endgültige der Vergangenheit,
Wo Leben lagert, Schicht um Schicht.

Nach einer kommt eine andere Zeit.
Einst hatte dieser ein andres Gesicht.

Schneelicht

Ich vertagte das Leben, ich floh vor Gedichten.
Und alles wegen Erfüllung von Pflichten.

Schneelicht und Sonne, die mittaglich scheint.
Was ist schon mit dem Wort *Pflichten* gemeint?

Das meiste daran ist nur Konvention.
Zur Pflicht hochgeredet im Predigerton.

Die swisselnden Vögel im schneeichten Blau.
Sie fliegen noch, und es dämmert schon grau.

Eine Stunde zurück im Hochmittagslicht
Schmolz Schnee von den Bäumen und traf mein Gesicht.

Ich hielt es entgegen dem sprühenden Staub
Und roch zuen Auges grünendes Laub.

So ging ich hin, vergaß alle Pflicht
Und lebte mein Leben. Da war es Gedicht.

Aprilmorgen

Wenn man Glück hat und Augen, kann man ihn sehn,
Den Vogelhahn mit der feurigen Brust.
All seine ziehende Sangeslust
Schmettert er aus in den schwankenden Höhn
Der Riesenkiefern am Seeabhang.
Er drillt sein ziependes I zum Gesang,
Schleifend und schwingend, mit idiesem Laut
Singt er Licht, bis der Himmel erblaut
Und leuchtet ihn aus, daß die Federbrust brennt
Und ihn als Flamme vom Kieferngrün trennt . . .
Das Flämmlein züngelt weiter im Lied:
Es ist ein Morgen, an dem nichts geschieht.
Nur Licht in den Kiefern. In den Kronen schon Licht,
Während die Stämme noch Schatten umflicht.
Alles Land ringsum wird von Spechten vermessen,
Sie morsen Revier um Revier als besessen.
Und immer noch zieselt der Rotkehlchenhahn.
Doch plötzlich unterdröhnt ihn ein Schwan.
Ein einsamer Schwan fliegt über den See,
Gewaltig, orgelnd. Wie immer tuts weh,
Ihn zu sehn und zu hörn. – *Generalbaß* erklang,
Memento zu Rotkehlchens Lebensgesang.
Und weiter zieht es das Licht in sein Lied.

O Morgen April, an dem Es *geschieht*!

Gedicht des Unmuts

Die Menschen machen mir Überdruß.
Es genügt ihnen nicht, was ich gebe.
Sie wollen von mir und meinen, ich muß.
Wie wenn ich von Schulden lebe,
Die einer in meinem Namen machte
Oder hat sie mir überschrieben.
Worte, die ich in Umlauf brachte,
Werden wie Wechsel vertrieben.
Man verlangt von mir *Realisation*.
Aber was soll ich *noch* geben?
Das was ich hatte, gab ich schon:
Die Worte waren das Leben.

Jugend

Der junge Dichter mit dem spöttischen Mund
Hat mich so höhnisch angesehn.
Ich sah nur im Vorübergehn
Seinen Knabenschädel geschoren und rund
Und dachte (da ich eine Mutter bin,
Dachte ich voller Erbarmen):
Söhnlein ihr armen,
Ihr glaubt noch, daß ihr unsterblich seid
Und nur die alten Mütter müssen vergehen . . .
Und werdet, auch ihr! jongliert von der Zeit
Und stürzt eines Tags. Ihr werdet schon sehen . . .
Indessen Heil! Eurem Hohne Heil!
Und dem Hunger auf die unteilbare Welt,
Der eure Kindergesichter entstellt!
Ja, treibt nur euren Wortekeil
Ins träge Hirn, bis es ergellt
Und endlich greift, das ist gemeint:
Unfrieden maßlos Lästerung.

(Und niemand hat ihn gern zum Feind.
Der Dichter ist so schön und jung.)

Südlich

Auf der einen Seite das Leben,
Wie es alltäglich geht: treppauf, treppab,
Am stehenden Zügel, im schleifenden Trab.
Mehr oder weniger doch schon ergeben.
Auf der andern Seite die Süchte
Nach südlichem Leben, festlich und leicht.
Ein Leben, das dem in Büchern gleicht:
Im Morgenlicht Rosen, im Mittaglicht Früchte,
Im Abendlicht Liebe, die sich entzündet
Und Nacht für Nacht ins Vergessen mündet.
O duftender Traum, von Erinnrung durchweht!
In der Jugend wars Hoffnung. Der Wind hat gedreht.
Doch zerweht er die Träume vom Leben nicht.
Sie leben ihr Leben im inneren Licht,
Das niemals in die Außenwelt dringt.
Es sei denn, daß einer das Leuchtende singt
Und überwindet das Leben,
Das alltäglich ächzt, und hebt ins Lied,
Wie südliche Freiheit ihn festlich durchzieht,
Gesetzen unergeben . . .

Stern

Wenn es denn sein müßte, würde ich gar
Drogen nehmen, nur um zu *dichten.*
Schwerer wird es mir Jahr um Jahr,
Mich auf den Stern des Gedichts auszurichten,

Den Nordstern der dichtenden Meeresbezwinger,
Der sie in die Ferne die Fremde zieht.
An den Mastbaum gekettet, mehr Wächter als Singer,
Heulen sie gegen den Meerwind ihr Lied.

Und nur das ist die Wahrheit: nur unter Zwang,
Und nicht, um ein flüchtiges Mütchen zu kühlen,
Wird aus dem Urlaut aufs neue Gesang:
Wenn wir den Tod und die Freiheit fühlen.

Ich fühle sie und fühle noch Lust
Und brauch keine Drogen, um Land zu verkünden:
Ich sehe im rosigen Morgendust
Reine Ströme in friedliche Weltmeere münden.

II

Grün

Mit solcher Gewalt bricht der Frühling herein,
Daß wir nicht nachkommen, um uns zu sehen.
Über Nacht sind Wunder und Wunder geschehen.
Über Blüten, blau, gelb schon Schmetterlingswehen.
Überstürzen, Brausen, Außersichsein.

Vorausgeworfene Sommertage
Anfang April. Ob das wohl bedeute:
Lebt, was ihr könnt und lebt unbedingt heute!
Der Sommer wird schlimmer Wirrnisse Beute,
Zeit des Entsetzens und Zeit sein der Klage.

So ist uns der Glücksrausch von Ängsten zersetzt.
Wie würden wir diesen Frühling genießen,
In dem schon Ströme des Sommers fließen,
Wär nicht die Stille zertrümmert vom Schießen
Und der Himmel von eisernen Vögeln verletzt.

Und doch dieser Tag, um uns alles zu geben.
Tag grün mit dem wie gewendeten Duft
Aus des Erdreichs eben geöffneter Gruft,
Der sich mit der geläuterten Luft
Mischt zum Geruch von ewigem Leben.

Überstürzen, Brausen, Außersichsein.
Über Blüten, blau, gelb schon Schmetterlingswehen.
Über Nacht sind Wunder und Wunder geschehen.
Daß wir nicht nachkommen, um uns zu sehen.
Mit solcher Gewalt fällt der Frühling ein.

Muße

Muße muß ich vom Grunde auf lernen.
Langsam wirds Zeit. Doch fällt es mir schwer,
Mich guten Gewissens der Pflicht zu entfernen.
Das kommt noch aus der Kinderzeit her,
Wo immer zu tun war. Müßigzugehen
War in der kargen Kleinleutewelt,
In der es schwer war, den Tag zu bestehen,
Ein Laster, das der Strafe verfällt.
Nun aber ist Muße für mich gleich Leben.
Denn nur in der Muße gedeiht das Gedicht.
Nur wenn ich nichts will, will das Wort sich ergeben:
Trieb, der aus der Pflanze ausbricht.
Wie ein im Erdreich verborgener Keim
Mag sich im Dunkel das Wort vorbereiten.
Es kommt nicht ans Licht, fällt dem Tode anheim,
Wenn sich die Stimmen des Tages streiten
In mir und ich eifre zu handeln,
Um wie andre die äußere Welt zu bewegen.

Anstatt mir die Weisheiten anzuverwandeln,
Die der Landstreicher lernt von Sonne und Regen.

Lichthorizont

Einundfünfzig, ich gebe mir noch eine Frist
Von neunzehn Jahren, wie leg ich sie an?
Mit Wiederholung des immer gleichen
Tages und Lebens? Werf ich die Weichen
Herum und fahr andere Bahn,
Wenn auch die Strecke abschüssig ist?
Das sowieso und ist so wie mit den Jahreszeiten:
Im Frühling scheint es ein mähliches Gleiten.
Im Juni steht Zeit überm Lichthorizont.
Wir sind vom Gefühl der Dauer durchsonnt,
Denn eben erst will der Sommer beginnen . . .
Auf einmal September. Frühnebel spinnen
Und Abendnebel die Tage ein.
Ists da nicht am besten, zu Hause zu sein
Und nicht auf fremden Wegen zu schweifen,
Wo Kälte und Regen nach einem greifen
Und man sich nicht erwärmen kann . . .?
Was fängt man mit einundfünfzig noch an?

Wohl könnte man lieben, doch lächerlich,
Ein Bettel ist es, den Glanz zu begehren,
Das Meeresleuchten auf südlichen Meeren,
So, Blendung und Täuschung, Liebe aufscheint.
Sei ferne von mir und bleibe verneint,
Auch wenn ich des Wunders gewärtig bin,
Einmal noch neigte sich einer hin
Zu mir und bejahte mich
Lächelnd. Mein anderes Ich,
Mein Mann, kanns nicht sein, er kennt mich zu gut,
Die Abstürze in Verzweiflung und Wut,
In Alter, Alltag, Alltäglichkeit.

Wir leben synchron in synchroner Zeit,
Die geht und vergeht im Geleise der Pflicht.
Ich aber sehne für mein Gedicht
Jenen Glanz herbei, der das Wunder braucht,
Und sei es vom Grund der Hölle getaucht ...
Als Dichter bin ich zu allem bereit
Für den Gewinn an gesetzloser Zeit,
Die stehen bleibt überm Lichthorizont
Und uns mit dem Duft von Dauer durchsonnt ...

Doch bedeutet das nichts. Die Vernunftperson,
Die mein Leben lebt, rechnet nüchtern: schon
Einundfünfzig Jahre gelebt. Und mit Dank
Und mit Glück: niemals ernstlich krank.
Und die neunzehn Jahre, die möglich noch bleiben,
Will ich mit freundlichen Werken vertreiben,
Und wenn keinen Glanz, so doch Wärme abgeben ...

Alles *Gesage*. Ganz anderes Leben
Will ich und will ich. Kein Zeithinbringen.
Leben mit Lust bis zum Selbstvergessen.
Daß man vergißt, seine Jahre zu messen
Und nicht mehr fragt: hat man Stimme zum Singen.

Will es singen aus einem, so singt man eben.
Ohne Schamgefühl, ohne Furcht vor Schande,
Ohne Weisheit und ihre blässenden Bande
Liebt man, wenns sein muß, stirbt man daran,
Doch vorher lebt man. Wann fang ich an?

Auch das ist es nicht. Was ich wirklich begehre,
Ist nicht Freiheit zur Liebe, ist Freiheit zur Zeit.
Unbelastet von der alltäglichen Schwere
Irdischer Pflicht, ohne Ballast bereit,
In jedem Augenblick zu entschweben
Mit dem Aufwind der Sprache ins gültige Licht.
Das ists, was ich wünsche: mein übriges Leben
Sei glimmender Zunder der Flamme Gedicht . . .

Und doch weiß ich längst, mir wird nicht gelingen,
Mich jemals los und ledig zu machen
Vom Zwang des Alltags. Als die, die ich bin,
Werd ich, im Haß auf die niedrigen Sachen,
Lieder zu ihrem Ruhme absingen.

Einundfünfzig, ich gebe mir noch eine Frist
Von neunzehn Jahren, wie leg ich sie an?
Mit Wiederholung des immer gleichen
Tages und Lebens. Ich werfe die Weichen
Nicht mehr herum, ich fahr meine Bahn,
Wenn auch die Strecke abschüssig ist.
Das ist so wie mit den Jahreszeiten.
Im Frühling scheint es ein mähliches Gleiten.
Im Juni steht Zeit überm Lichthorizont,
Wir sind vom Gefühl der Dauer durchsonnt.
Denn eben erst will der Sommer beginnen.

Grillenlied

Ich halte die Belastung nicht mehr aus,
Mich zu entzünden zum Gedichte.
Ich schriebe lieber die Geschichte
Von einem friederfüllten Haus,

In dem die Tage glücklich gehen,
Einer beim andern, als so quer
Und, außer meinen Ängsten, leer
Mir selbst im Weg herumzustehen

Und unter diesem Druck zu schreiben:
Die Wahrheit läßt sich nicht ertragen.
Und also gibt es nichts zu sagen.
Denn bei der Wahrheit will ich bleiben.

Die Wahrheit wär: vor uns sind Jahre
Mit nur noch karger Lebenshandlung
Und um so rascherer Verwandlung
Hinab, hinab! Was ich bewahre

An Illusion von Möglichkeit
Zu einer Art von Neuanfang,
Erwärmt mich nur minutenlang
Und ist nur Gaukeln mit der Zeit

Und Täuschung über meine Kraft:
Ich habe schon viel Kraft verloren.
Nicht nur, daß ich vier Mal geboren
Und Söhne zog, hat mich erschlafft,

Vor allem, daß sie mir nicht blieben,
Daß alles mich verlassen muß . . .
Und nie mehr meines Kindes Kuß,
Und nie mehr meines Kindes Lieben . . .

Wenn auch die Männer Freundschaft halten
Mit mir, die meine Söhne sind,
Und bringen ihr geliebtes Kind
Zu mir, der mütterlichen Alten,

Die Spiele weiß und Bücher schreibt,
Die nun schon ihre Enkel lesen . . .
Für mich ist alles doch gewesen.
Ich sehe nichts mehr, was mir bleibt,

Um neu zu leben. Keine Stufen
Führen hinan, als denn im Geist.
Und diese Stufen sind vereist.
Das heißt, ich bin nicht hinberufen,

Nicht auserwählt, so hoch zu siedeln.
Im muß im platten Alltagstal
Von Allerleute Lust und Qual
Auf meiner schrillen Geige fiedeln,

Eintönig wie das Grillenlied,
(Das gar kein Lied ist, nur ein Beben
Von Leib und Bein) und wie das Leben,
Das uns für eine Frist durchzieht . . .

Und also halt ichs nicht mehr aus,
Mich zu entzünden zum Gedichte,
Und schriebe lieber die Geschichte
Von einem friederfüllten Haus.

Kreis

Das Gute gelingt mir nicht zu genießen.
An schlechteren Tagen erhalte ich mich
In der Hoffnung auf beßre. Schwer zu erschließen,
Dies ungesättigte, alternde Ich,
Das sich sehnen kann mit kindlichem Harmen
Nach der ledernen Puppe, dem balgigen Ding
Mit den willenlos schlenkernden Harlekinarmen,
Und dem billigen bläulichen Fingerring,
Den es einst gab in bewußtlosen Tagen
Heißester Freude und Lebenslust –
Als roter Ball an die Wand zu schlagen –
Der Vogel Glück in der kindlichen Brust
Zwitscherte schon in grünlicher Frühe
Und schläferte flötend im Dämmernden ein ...
Einmal doch machte es keine Mühe,
Einfach zu leben und da zu sein ...
Und nun sind jeder heiteren Stunde
Bewußtsein und Unlust untergemengt:
Mit jedem Kreis, den ich, jährend, umrunde,
Wird auch der Kreis nach innen verengt.
Er erweitert sich nicht, er verläuft nach innen!
Konzentrisch zu dem bekannten Ziel.
Und aller Beginn lag vor dem Beginnen.
Und Glück war nur im ziellosen Spiel ...
Und doch heißt es, draus das Beste zu machen,
Solange Sonne uns schön noch bescheint.
Mich sieht man immer dem Tageslicht lachen.
Ich hab noch vor niemand ums Leben geweint.
Das meint aber nicht, ich dürfte nicht wissen
Und sagen, wie es mir wirklich ist.
Mein Ich ist heillos in sich zerrissen.

Doch hofft es noch eine heilende Frist.
Dann werde ich all das Gute genießen
Mit kindischer, kindlicher Dankbarkeit.
Zeit wird wieder ohne Erkenntnis verfließen,
Entmachtet ist wieder die mächtige Zeit.
Inzwischen heißt es, den Preis zu zahlen
Für jeden Gedanken, für jedes Gedicht.
(Kein Wort kommt ohne Bewußtseinsqualen
Und Lebensverlust zu Gestalt und Licht.)

September

Es ist so sehr September geworden,
Daß die Luft zwischen uns gefriert.
Glühende Rosen blühn noch im Kühlen.
Wenn ein Blatt seine Blüte verliert,
Geschieht es geräuschlos, wie ohne Bewegung,
Kein Wind, der das Blatt von der Blüte reißt.
Unsere Liebe ist ohne Sinneserregung.
Das Brünnlein tönt zögernd, als wär es vereist.

Dezember

Seit Tagen spar ich die Mitteilung auf,
Für den, der es wert wär: noch blüht eine Rose.
Schon fünfter Dezember. Zu flüchtig, zu lose
Ist die Bindung an jene, an die ich geschrieben.
Ich brauchte einen, um ihn zu lieben,
Damit ich entsiegle das magische Wort:
Schon Winter und schneit und die Rose blüht fort.

Sendschreiben an vier Freunde in zwei Ländern

Vergeßt nicht den Ahorn vom Triangelplatz
In Skopjes Altstadt, unter dem wir gesessen!
Theobaldy ging gleich drauf nach Kreta hin ab.
Und Jendryschik hätte zu gern vergessen,
Daß er aus Halle ist, und wär mit ihm gefahren,
Um endlich – nun ist auch er schon bei Jahren –
Das Land der Griechen mit Augen zu sehen,
Und nicht nur mit der Seele zu suchen . . .
An der Grenze würde ihm nichts geschehen.
Sein Paß war gültig . . . Die heimischen Buchen
Haben ihn wieder, wenn Buchen *sind.*
In griechischen Eichen äolischen Wind
Wollte er hören und hörte ihn nicht . . .
Unterm Ahorn in Skopje war schattiges Licht.

Roths Friederike, Mona Lisa Pascals,
(Pascal Gilevskis, der sie konterfeite,)
Ein güldenes Schnürl um den rührenden Hals,
Blau blickend wie die gebenedeite
Jungfrau, in Wahrheit gelehrt wie ein Biest,
Das Philosophen wie andre Romane ausliest,
Friederike aus Stuttgart, Werner Dürrson vom See,
Vom Bodensee, der wie Weihrauch was rauchte
(Seine Stiftzigarillos rochen narkotisch)
Und einfach Gesicht und Hände tauchte
Ins Wasser des Brunnens, den Skopjern *exotisch,*
(Wir hielten in einem Straßencafé)
Die träge saßen und träge sahen
Auf uns fahrige Fremde, drei Männer, zwei Weiber,
Dachten Dinge von uns, die nicht geschahen . . .
Wir waren fünf egozentrische Schreiber

Und sympathetisch im Abschied verbunden.
War eine von den erinnerten Stunden,
Die man schon erinnert, wenn man sie lebt:
Der Wind schläft im Ahorn, der Brunnenstrahl schwebt . . .

Gleich würden wir auseinandergehen
In verschiedene Länder, bei Gott sehr verschieden,
Und, möglich, einander nie wiedersehen.
Die Möglichkeit wurde, gesprächsweis, gemieden.
Vom Stolz Makedoniens ins Land gebeten
Zum jährlichen Sommerfest der Poeten,
Warn wir eine Woche zusammengewesen,
Und nachts hatten wir einander *gelesen.*
Zum Ende tauschten wir Bücher aus
Und nahmen sie mit dem Ahorn nach Haus.
Schieres Glück, Friederike, und Glückes Beweis –
Wir beide hatten so ähnlich geschrieben!
Die Tage in Makedonien flohn heiß.
Die Stunde beim Ahorn ist stehengeblieben.
Vergeßt nicht den Ahorn vom Triangelplatz
In Skopjes Altstadt, unter dem wir gesessen!
Ich wage, Freunde, den einfachen Satz:
Wir *werden* einander niemals vergessen.

Sommersonne

Der Sommer geht vorüber,
Ohne Sommer gewesen zu sein.
Die Tage warn trüb und trüber.
Die Lüste schliefen uns ein.

Wir brauchen schon Sonne, um uns zu fühlen.
Wir sind nicht mehr jung genug, Sonne zu sehn,
Wenn Wolken den Juli mit Gräue einkühlen.
Wir, die wir uns nicht mehr auf Zauber verstehn,

Auf Rausch und Täuschung, brauchen das Licht
Der Sonne, uns zu empfinden.
Schlafenden Lides saugt das Gesicht
Lichtteilchen ein. So wie die Blinden

Sehender Haut seine Wandlungen spüren
Und folgen ihm, Schatten fliehend, im Raum,
Fühlen wir Licht. Sonst versiegelte Türen
Öffnen sich uns. Sie führen in Traum

Zwischen Schlafen und Wachen. Den Brunnengrund
Der Jugendlust berühren wir leicht,
Mit federnder Sohle. Und lachend gesund
Sehn wir im Spiegel den, der uns gleicht

In unserm Innern unwandelbar:
Wir Kind des Lebens am Immerbeginn . . .
Legt uns die Sonne die Lichthand aufs Haar,
Fahrn wir auf frühen Traumflüssen hin . . .

So nur ist Sommer! Sonne soll sein,
Sengende Sonne, Brunst und Begehren –
Regen schläfert die Lüste ein
Und können uns nicht der Vergängnis erwehren.

Wintersonne

Lichtblau und rosenblasser Schnee.
Die bleiche Sonne färbt dem See,
Der zugeweht ist, Lilien ein.
Röselein auch! So augenfein,
Daß man erstarrt: ob es nicht schwindet?
Doch, doch, es bleibt! Und erst erblindet
Zu stumpfem Weiß es, wenn die Strahlen
Der Sonne überm Walde fahlen.
Rasch rötend noch die Kiefernkronen
Und das Gehöft, in dem wir wohnen
Und weiß verschwimmt im blauen Duft
Des Schnees und Abends Nebelluft.

Eh Tag und Nacht begegnen sich
Und Mond herauf kommt herrscherlich.

Bittgedicht

Kleiner Vers, meine Liebe, verleugne mich nicht.
Verbirg nicht vor mir dein Kindergesicht,
Die Unschuld, die anrührt, und alles wird schön.
Ich brauche kein feierlich Glockengetön,
Nicht Kündung, Verheißung, nicht Satzung noch Sinn.
Das heitre Gefühl nur, ich lebe und bin,
Und das wird mir nur noch von dir, mein Gedicht,
Dem Blick in ein unschuldig Kindergesicht.
Wie schnell kommt Vergehen, der Fall ins Geschlecht,
Der zerrende Widersinn Unrecht und Recht.
Drum, Vers, meine Liebe, verleugne mich nicht,
Laß Unschuld mir werden und seis im Gedicht.

Heut

Für Günter Caspar

Die reine Wahrheit. Nichts als die Wahrheit.
Nichts als die Wahrheit reden, heißt schweigen.
Spricht man sie aus, wird zu jedem Satz,
Sowie man ihn sagt, sich ein Gegensatz zeigen.
Erinnern – Vergessen, Lieben und Hassen,
Freiheit und Zwang. Die Feindlichen lassen
Sich wahr nur mit einem Atemzug fassen,
Weil Leben vergeht und alles sich wandelt.
Und doch ist im Recht, wer redet und handelt
Und das Risiko des Irrtums nicht scheut.
Die reine Wahrheit: die Wahrheit von heut.

Last

Die unendliche Menge,
Das Meer und Abermeer des Geschriebnen –
Die Existenzen, die auf uns kamen,
Und die vergeßnen, verlorenen Namen
Jener Jahrzehnte im Dunkel Verbliebnen,
Die plötzlich in das Licht geraten
Wie Täter lange verborgener Taten,
Sie umstehn uns, sie lasten auf uns, wenn wir schreiben,
Und wolln uns zurück in das Schweigen treiben.

Was wissen wir denn, was jene nicht schon erkannten,
Die einsam ihr Licht in der Nacht verbrannten?

Einsicht

Als ich zwanzig war und Leben mir schwer,
Da dachte ich, es wird leichter werden.
Mit dem Alter kommt auch Weisheit her.
Einsichtig heiter auf ebener Erden
Werde ich wandeln, wenn Zweifel sich lösen
Und reinlich sich scheidet das Gute vom Bösen.
Und nun? Nun bin ich schon fünfzig Jahr,
Und Leben ist schwer, wies mit zwanzig nicht war.

Quell

Ich werde mir Freiheit nehmen:
Lesen. Die alten Bücher, die lange schon warten.
Ich werde leben in meinem Garten
Und mich auch seiner Pflege bequemen
Und nicht mehr sagen: ich hab keine Zeit,
Ich muß dies und das, vor allem schreiben . . .
Das lasse ich dieses Jahr einfach bleiben,
Ich verweigre es mir. So bin ich befreit
Von Unlust und ängstlich engem Gewissen:
Gefühl vernachlässigter Treue und Pflicht.
Ich leiste auf Ruf und Echo Verzicht.
Und Liebe werde ich nicht vermissen . . .
Ich muß erst wieder die Quellen aufgraben.
Die Ablagerungen von Pflicht Jahr für Jahr,
Was ich erlebe und was ich erfahr,
Die trübe Mischung von Sollen und Haben,
Werde ich klären in langsamen Tagen
Des Lesens und Lebens aus einem Sinn.
Nur wenns mich würgt, daß ich wieder beginn,
Und zögernd, will ich der Freiheit entsagen,
Die Schweigen bedeutet: Außerhalbsein
Und nicht von Meinung und Urteil umschlungen.
Einst war der Quell rein dem Grunde entsprungen
Und spiegelte rein *meines* Himmels Schein.

Leibseele

Was ist, was war mit mir geschehn?
Wer hat es über mich vermocht,
Wie einem Kerzenleib den Docht
Mir meine Seele auszudrehn?

Ich habe schon nicht mehr gewußt,
Wer ich wohl bin und ob ich tauge.
Ein Dämon hat sein trübes Auge
Auf mich gestarrt mit übler Lust,

So daß ich starr geworden bin
Und konnte mich nicht mehr erheben.
Und: keinen Sinn hat unser Leben,
So murmelte ich vor mich hin.

Doch wie die Alten sich vorzeiten –
Von denen noch die Sage geht –
Wenn sie nicht löste das Gebet,
Mit Durst und Hunger selbstkasteiten,

So hab ich endlich mich seit Tagen
Auf karge Wasserkost gesetzt.
Hungernd begreif ich *Zeit*. Und jetzt
Vergeht mir auch das feiste Klagen

Um meine Seele. Um so mehr
Begreif ich mit dem Leib das Glück.
Ich eß vom Brot ein kleines Stück
Und in mir leuchtet es wie sehr,

Viel stärker als die alte Seele,
Die ich verlor an Furcht und Zorn.
Als Lichtkeim sprießt in mir das Korn
Und treibt als Lied aus meiner Kehle.

Geheimnis

Unlust zu Versen, ihrer Beschränkung durch Zeile
und Reim.
Untergrundstimmung, die murmelnd geheim
Wie verborgenes Quellwasser gehn muß durch das
Gedicht.
Denn nur aus dem Dunkel gewinnt es sein Licht.
Mich aber lüstet es, offen zu sagen
Von den geheimnislos heiteren Tagen,
An denen die Sonne scheint heiß im April.
Und die Luft ist voll vom Stimmengeschrill
Vieler Vögel. Stare schwirrn noch in Scharen.
Und alles ist wie in früheren Jahren.
Feldlerchen lullen noch immer beim Singen
Tonauf, tonab. Blaumeisen schwingen
Unsichtbar Amboß und Hämmerlein.
Sie machen ein Schmiedgeräusch silberfein.
Der Amseln Sang geht über alle Begriffe.
Der eine sitzt auf dem Kiefernriffe
Am Wiesenrand. Der andre singt in den Erlen am
Bach
Und gibt dem ersten an Wohllaut nicht nach.
Und über dem balzenden Stimmenschlag,
Dem sonnentönenden Vogeltag
Lautlos und hoch kreist der Rote Milan.
Und wenn er wendet auf seiner Bahn
Vom See zum Wald, bricht flammender Schein,
Augenblicks Dauer, ins Blaue ein
Des Himmels: Glückeserblinden.
Es sind einfach keine Worte zu finden
Für das, was das ist: der Milan und das Licht.
Für die Freiheit des Flugs ist zu eng das Gedicht.

Und drum Unlust zu Versen, die Leben einengen,
Anstatt die Grenzen des Seins zu sprengen
Und die Fülle der Welt in Worte zu gießen,
Die schon vom Täuberruf überfließen,
Der noch vergessen ist. Und so tausende Dinge,
Mit denen ich mein Leben verbringe
Und machen mich mit zu der, die ich bin,
Und offenbarn mir verborgenen Sinn,
Aller Wandlung Geheimnis im grünen April:

Es gibt kein Geheimnis. Ich lebe. Ich will.

Ja doch

Für Hans Marquardt

Mitteilungen habe ich keine zu machen
Denn allbekannte: das Leben vergeht.
Doch gibt es dagegen versöhnende Sachen:
Daß Mai ist und abends die Sonne steht
Rot überm Fluß und die Möwen kreisen
Spiegelnd ihr Bild weiß mit Ringen ein . . .
Das Ganze soll überhaupt nichts beweisen.
Nur: angenehm ist es, am Leben zu sein
Und das Gerede vom Tod zu vergessen:
„Fünfundsiebzig zu fünfzig – das steht drei zu zwei.
Sie sind fünfzig? Auch Ihnen wird Zeit schon bemessen!"
Ich hör nicht und spiele die Heitereitei
Und bin entschlossen: Ja doch! zu sagen.
Ja doch! und: Wenn schon! mein Leben vergeht . . .
Nur soll es geschehen in friedlichen Tagen,
Damit man mein letztes Wort auch versteht
Und kann es bewahren. Seis im Gedächtnis.
Sei es geschrieben als Spruch an der Wand.
Die Liebe zum Leben ist mein Vermächtnis.
(Hab ich seinen Sinn auch nur ahnend erkannt.)

Heliotrop

Der Tag des Heliotrop kam,
Wie immer die Tage des Glücks,
Unerwartet und mit des Segens Gewalt.
Die magische Blume aus den Gärten der Jugend,
Ich fand sie endlich und nun da ich alt.
Ihr Duft war zu mir aus Büchern gestiegen.
Ihre Farbe wurde von Dichtern vergleichend
genannt.
Frauen trugen heliotropfarbene Kleider.
Und die Erinnrung der Liebe
Blieb in den Duft ihrer Blüte gebannt.
Und immer hatte ich nach ihr gesucht
Und in Gärtnerbüchern nach ihr gelesen.
Doch war sie wie von Vergessen verflucht.
Als wäre sie nie und nirgend gewesen . . .
Das schmerzte mich. Jedes einzelne Mal,
Wenn Vorzeitengärten in Büchern vorkamen,
Traf mich ihr Name wie schuldhafte Qual.
Als setzte die Pflanze in mich ihre Samen,
Stichelnd ins innerste Erdreich der Brust,
So schlich sich der Schmerz ins Innerste hin.
Doch auch die Süße empfangender Lust.
Nur bildlos blieb sie ohne zeugenden Sinn.
Denn weder Farbe noch Form noch Duft
Warn in den Büchern der Dichter beschrieben.
Ihr Name nur war in der zärtlichen Luft
Vergangener Sommer stehengeblieben . . .
Und nun und nun und in diesem Jahr
Und an diesem Tag und im Belvedere,
Das sich die Weimarer Schöngeister schufen,
Wurde die Blume mir wirklich und wahr.

Ein heutiger Gärtner hat sie gerufen
Und in Quartieren zum Blühen gebracht.
Und die Blüte duftete südlich und schwer,
Wie die eine Liebe der einzigen Nacht.
Tiefblau violett wie in Veilchenduft
Wie in Fliederduft Vanille gestreut.
So klangs in der klaren Augustmorgenluft.
Und jäh warn mir alle Sinne erneut
Und atemjagende Lust fiel mich an:
Meine Dichter hatten mich nicht betrogen!
Der Tag des Heliotrop begann.
Und wurde zur Nacht als Liebe vollzogen.

III

Ende Februar

Es geschieht aller Tage nichts weiter als Regen.
Der hat das Resteis vom Seerand genommen.
Nun sind auch die Wasservögel gekommen,
Die zögernd die Lüfte mit Rufen erregen.

Die wilden Rosen am Seeufer perlen.
An roten Blattkeimen sammelt sich Naß.
Von rostigem Braun sind noch Schilfe und Gras.
Doch auch die Birkenruten und Erlen

Sind wie die Rosen mit Perlen besteckt:
Im milchigen Regenlicht silbriges Flimmern.
Vom nebelnden See her blindlinges Wimmern:
Des Bleßhuhns Schrei, der kein Echo weckt.

Aber die Amsel ist plötzlich zur Stelle,
Zeichen, daß eben der Abend beginnt.
Über dem Regen, der heftiger rinnt,
Singt sie den Wipfel der Kiefer ins Helle:

Ziehende Schnur aus tönenden Perlen,
Schwarzen und weißen, die fallen und steigen.
Unter dem Glanze aus Hallen und Schweigen
Nistet schon Nacht in den niederen Erlen.

Feder

Wie viele Tage, wie viele Wochen,
Vergesse ich, daß ich *Dichter* bin.
Ich lebe stumm und stier vor mich hin,
Beschäftigt mit Waschen, Kehren und Kochen.

Vertrödle Tage zu meiner Schande
Und rühre träge mit trübem Sinn
Vergangenheit auf ohne Zukunftsgewinn.
Kein Ufer winkt mir, an dem ich lande,

Zu landen begehre. Alles vorbei!
Wie lastet auf mir mein halbes Jahrhundert!
Doch eines Morgens erwach ich verwundert
Rauschhaft mit dem Gefühl, ich bin frei!

Und stürze mich in den Sonnenmorgen.
Hinweg, hinweg! Noch ein wenig freier!
Und richtig entfliegt auch der silberne Reiher,
Ein Gegenbild aller menschlichen Sorgen,

Dem Wipfel unserer nördlichen Zeder,
So nah über mir, daß sein Schwingenschlag rauscht.
Und lichtgrau, vom Fallwind zum Segel gebauscht,
Entfällt seinem Flug eine flaumige Feder

Und fällt mir zu. Kostbarer Fang!
Gewichtlos senkt er die Lebenswaage.
Ruhmvoller Tag von so reichem Ertrage!
Und möglich wird wieder der Große Gesang.

Abhängigkeit

Wir leben in einem System
Von Verbindlichkeiten und Abhängigkeiten,
Für das wir Steuern zahlen. Mit Recht. Allein
Können wir unser Recht nicht erstreiten.
Wir vertrauen darauf, daß Brot zu uns kommt
Und Strom für das Licht und die Wasserleitung,
Daß Papier produziert wird zum Druck des Gedichts
Und ebensogut für die Tageszeitung.
Der Müll soll weg sein, die Straße gekehrt,
Und Oper soll gehn jeden Abend um acht.

Wer sich über Abhängigkeiten beschwert,
Hat, was er bedarf, nicht richtig bedacht.

Euphorie

Ich will
Keine resignativen Gedichte mehr schreiben.
Resignation ist genug auf der Welt.
Durchhalten, überdrüberbleiben –
Das ist der Wahlspruch, der mir gefällt.

Klagen und Weimern sind so allgemein,
Verantwortlichmachen von Zeit und Geschichte.
Von jetzt an will ich heiter sein.
Wenn nicht – schreibe ich keine Gedichte.

Goethekritik

Wieviel von des Klassikers Poesie
Ist wissend gewollt und künstlich geschrieben!
Ohne Leben und Beben. Auch ihm gings so wie
Es uns anderen geht: wir müssen erst lieben.

Mit Kommandieren ist doch nichts getan.
Das sagt sich so leicht: kommandiert Poesie!
Da starrn gleich den Geist gelbe Wüstungen an.
Unbeflügelt von Lust überfliegt er sie nie.

Mauersegler

Meine Seele ist ein Vogel, der keinen Schlafbaum findet
Und nächtlich kreist auf der Suche nach einem Geäst,
Das ihn vom Zwang zu fliegen entbindet.
Doch da ist nur die Nacht, da ist kein Nest.

Sie müht sich, geboren ein weißer Reiher,
Zu schrumpfen und Mauersegler zu werden.
Der *Fußlose* lebt in den Lüften wie die Fische im Weiher
Und braucht zum Schlaf keinen Halt auf Erden.

So ohne Rast, im Schwingen und Gleiten,
In der Spannung des Flugs über Tag und Nacht,
Entfliegt die Seele den flammenden Zeiten.
Die haben sie um den Schlaf gebracht.

Sprüche

Selbstbesinnung vorm Spiegelgesicht:
Innewerden tieferer Schichten,
Immer verborgen in offnen Gedichten:
Nächtliche Lust scheut nicht das Licht.

Ich ahne die Kräfte, die mich bewegen,
Den Widerspruch, der mein Leben treibt.
Ich werde darüber nicht Rechenschaft legen:
Etwas muß sein, das im Sprachlosen bleibt.

Wir sind einander die Schonung schuldig,
Unsere nackten Seelen nicht zu enthüllen
Und die Abgründe unserer Liebe geduldig
Mit Worten der Liebe aufzufüllen.

Das ist eine Leistung und Arbeit: zu leben
Und keine Kleinigkeit, allezeit
Einander Halt und Haltung zu geben:
Heilsamen Zweifel und Hoffnung bei Leid.

Wir wissen nur aufeinander zu,
Wer wir sind, und es braucht auch nicht mehr.
Das bessere Wort für ich ist du.
Unser Ich allein bleibt konturlos und leer.

Bewußtsein

Wir haben alles. Ohne viel Not
Könnten wir sparen, daß Friede bleibt.
Was braucht man vor allem? Kartoffeln und Brot,
Papier, darauf man Erfahrungen schreibt,
Und Bücher, um daraus Weisheit zu lesen,
Bewußtsein der Menschheit, was tief hinabreicht,
Das Wissen, wie es vor Zeiten gewesen
Und wie unser Leben dem Früherer gleicht.
Und gleichzeitig Einsicht in unsere Wandlung
Aus dem Höhlenwesen zum Menschen mit Recht.
Dafür lohnt es Opfer. Verzicht auf die Handlung
Zu Lasten von andren. Und niemandes Knecht,
Auch nicht der anonymer Maschinen
Und Apparate müssen wir sein,
Wenn wir bereit sind, einander zu dienen
Und schränken die Besitzlüste ein.

Libelle

In diesem Sommer verreise ich
In unsere eigenen Wälder.
Ich will die Wälder wieder für mich.
Sowie auch die Roggenfelder,
Über die dieser Tage der Blütenstaub treibt . . .
Mag tadeln, wer tadeln will: „Daß sie nicht
schreibt,
Nicht antwortet auf den glühenden Brief!
Ob ihr Interesse an Menschen einschlief?"
Ich kann nicht anders, ich muß mich erheben
Und das Papier, das wartet, vergessen.
Ich bin so hungrig nach wirklichem Leben!
Wie einer, der lange kein Brot gegessen,
Nach Brot verlangt, verlange ich,
Die grünen Wälder von *innen* zu sehen
Und über dem Bach beim Blutweiderich
Am Landeplatz der Libelle zu stehen,
Die, schwarzflüglig, schwirrend stahlblau ist
Und die das Kind in mir niemals vergißt . . .
Erinnerte Wollust aus Kindertagen:
Wie schön wars, das Wort Libelle zu sagen.
Libelle, Libelle, wohliger Laut,
Der auf der Lippe leuchtend erblaut!
Wie arm heut, wenn nach verregneter Nacht
Sonne in Waldgräsern Feuer macht,
Farbenfeuer, und ich es nicht sehe
Und so der Blendung durchs Glück entgehe,
Geschmiedet an den Gedanken der Pflicht . . .
Sinnloser, lautloser Lebensverzicht . . .
Und Menschen umwandern in Scharen das Haus
Und messen die Wälder mit Zurufen aus.

Weil Stille sie schreckt zwischen Wipfel und Moos,
Lassen sie Schreie wie Leuchtkugeln los,
Erleichtert, einander im Hellen zu finden,
Eh sie am Meergrund des Moorwalds erblinden . . .
Es ist nicht der ihre, es ist der meine.
Und diesen Sommer gehört er mir wieder.
Ich lege mich los von der zerrenden Leine
Liebe und Pflicht. Und es hat wieder Lieder.

Frühling

Der junge Hund frißt altes Gras
Und schleudert sich im Märzenwind
Dem ersten Mückenwölklein nach. Naß
War der Tag, von Gräue blind,
Aber verheißend. Stare pfiffen,
Zwar schüchtern noch. Ein Täuber schlug,
Wohl von der lauen Luft ergriffen,
Zum ersten Mal. Im hohen Flug
Zogen die Kraniche vorüber.
Ein Grünspecht trillerte im Tal.
Der Frühling rief: Fährmann, hol über!
Zum einen und zum andern Mal.
Das war auf mich gemeint, ich sollte
Ihn über unsern Bach geleiten.
So bin ich hin. Das Hündlein tollte
Mal links, mal rechts, mal mir zur Seiten.
Als er mich sah, ist unser Gast
Behende übern Bach gesprungen.
Und von des Sprunges Lust erfaßt,
Hat auch die Amsel laut gesungen.
Wär also alles alles da?
Star, Täuber, Amsel, Kranich, Spechte,
Und Mücklein auch? Und Glück wär nah?
Wenn man das wüßt! Gottdergerechte.

Irrlicht

Im innersten Innern bedarf ich wohl sehr
Der Rechtfertigung für mein leichteres Leben.
Ich lebe leicht. Schwer
Leben andre. Ich bin nicht gezwungen, auf Arbeit zu
gehen.
Ich diene nur meiner eigenen Pflicht.
Drum schreibe ich Briefe, bemüht zu verstehen.
Als Ausgleich für das verspielte Gedicht,
Das keinen Zweck hat, als leichthin zu glänzen.
Denn wenn irgendwas, ist Schönheit bezweckt.
Verwendbarkeit als Lebenssentenzen,
Wird meinen Versen erst anentdeckt,
Wenn wer sie liest und sucht eine Richtung,
(Und seis ein Irrlicht, das hoffen läßt).
Aber für mich war Leibseeleverdichtung
Ins spielende Wort ein sinnliches Fest,
Nur eine andere Art der Liebe,
Körperlose, von Paarung befreit . . .
Damit ich immer was Sinnvolles triebe
Und rechtfertige mich vor der fordernden Zeit,
Schreibe ich Briefe und müh mich zu helfen,
Schleppe der Menschen alltägliche Last.

Aber verschwistert bin ich den Elfen,
Wenn mich die Sanglust der Nymphen erfaßt.

Mittsommernacht. Scenario

Die ideale Kulisse für Liebe:
Jasmin. Die Nacht ist licht und besternt.
Mittsommermittnacht. Gewölk im Azure.
(Rosen). Sie hat zu viel von der Liebe gelernt,
Um in der Kulisse noch Liebe zu spielen.
Sie ist zu alt für das Jugendstück.
Selbst wenn die Sterne vom Himmel fielen,
Brächten sie nicht jenen Zauber zurück,
Der Täuschung voraussetzt: Nichtwissen ist Lieben.
Ahnung von etwas, das ahnbar scheint,
Weil Dichter Flüchtiges *dauernd* beschrieben
Und so, als wäre Verheißung gemeint . . .
O wunderbares *scenario* der Liebe:
Jasmin und die lichte, die duftende Nacht.
Lautlos klagt sie (stumm heulende Trauer),
Wie die Erfahrung armselig macht.

Gegenwart

So lange ist alles noch harmlos gewesen:
Der Wagen des Lebens lief und lief . . .
Natürlich gabs schon manch Fühlens-Tief.
Aber man konnte draus heiter genesen,

Weil Zukunft voraus war: Hoffnung auf Glück.
Doch nun hat das Gespann sich gewendet
Und trottet den Weg, der nicht endet und endet,
Meile um Meile, verdrossen zurück.

Alles bekannt und in Grenzen geblieben!
Vergangenes gibt sich als Gegenwart
Und raunt: hab dir nur das Beste bewahrt!
Sei weise das Gewesne zu lieben!

Erfreu dich an gehabtem Gewinn!
In deiner Rechnung ist nichts mehr offen.
Töricht, im Alter noch Neues zu hoffen.
Das bläßt nur die Seele und schwärzt nur den Sinn.

Du wirst doch nicht wie die Anderenleute
Klagen übers vergängliche Leben!
Prüfe! Dir wurde in Fülle gegeben.
Erinnre dein Glück und genieß es als heute.

Wie lange schiens, Zeit sei vorwärts gegangen . . .
Der Wagen des Lebens lief und lief.
Indes die Seele im Traum lag und schlief
Und träumte, an ein Ziel zu gelangen.

Lichtung

Auf der Lichtung der Jahre und *Leben* groß.
Leben an sich. Der Tropfen Zeit.
Lufthülle. Raumhülle. Leer und los
Von Beschwernissen, Fährnissen,
Schuld, Schmerz und Leid.
Der Tag steht still auf dem Sockel von Schnee.
Still wie die Bäume im Windlosen stehen,
Still wie ich still in der Kälte steh,
Um, erstarrt, den Zeittropfen fallen zu sehen.
Doch ober mir über im klirrenden Blau
Die verborgene Sonne wendet die Zeiten.
Bald liegt auf den Wiesen statt Schnee wieder Tau.
Die stehenden Tage kommen ins Gleiten.
Die Lichtung der Jahre vergrößert sich.
Es wächst der Kahlschlag. Nur wenig bleibt stehen.
Doch Leben Leben bezaubert mich.
Immer noch immer neu wie nie eingesehen.

Tohuwabohu

Viel Wirrnis kommt uns von Unkenntlichkeit,
Vom Wechsel der Namen, von dem wir nichts wissen:
Georginen sind Dahlien. Rosen, dem Pfingstfest
  geweiht,
Heißen Päonien. Balsaminen – Fleißlieschen, die
  blühen beflissen.
Und gehen mit magischen Zeichen um aus Zeitentiefe:
  Tohuwabohu –
Urfinsternis, Schlamm. Unsre Sprache bleibt stumm.
Wir wissen das Wort, doch den Sinn nicht dazu.

Höhle

Vielleicht bin ich schamlos. Ich lobe die Liebe.
Offen gesprochen: ich liebe ums Leben.
So wie die leibliche Liebe hat mir
Nichts sonst im Leben Haltung gegeben.
Das macht mich stolz, daß ich lieben kann,
Wie ein Bauernmädchen im Heuschober liebt.
Noch immer sind wir das Weib und der Mann.
O Wunder, daß es die Liebe gibt
Und wir uns erkennen! Die Irrtümer fallen,
Und Schuld und Schande löschen wir aus.
Das sind die höchsten Lüste von allen:
Erlöst vom Geist. Eine Höhle das Haus.

Dank

Als ich an jenem schrecklichen Abend –
Du wurdest am Morgen darauf operiert –
Deine Hand ansah und schaudernd dachte:
Wenn diese Hand nun ihr Leben verliert
Und erstarrt? Da wollte ich sagen:
Ich liebe dich und vergesse dich nie.
Doch das war unmöglich. Nicht zu ertragen.
Ich legte nur meine Hand auf dein Knie.
Wir sprachen von harmlos alltäglichen Dingen
Und Büchern, die du dann lesen wolltest,
Wenn alles vorbei ist. Ich würde sie bringen
Sobald du nach ihnen fragen solltest.
Mich würgte die ganze Zeit jenes Wort,
Das ich dir unbedingt sagen müßte,
Essenz unsres Lebens: Dank. Ich ging fort.
Das war wie Absprung von sicherer Küste
Ins offne Meer der Verzweiflung und Not.
Ich fühlte fiebernd, wie ich dich liebe
Und wie ich verwaist wäre mit deinem Tod.
Du hast es bestanden. Bist wiedergekommen
Aus dem Zwischenreich und lebst neu mit mir.
Jetzt kann ich es sagen. Mein Freund, mein Gefährte,
Ich liebe dich und: ich danke dir.

Brief. Ordinär

Auf manche Lebenslagen kann ich nur *ordinär* reagieren.
Meine Gedichtsammlung möchte ich dem Verlag
Mit folgendem Brief offerieren:
„Da habt ihr den *Mist*, macht, was ihr wollt, damit!
Druckt ihn oder nicht, ich bin sowieso damit *quitt*
Und begreife nicht, wieso ich das schreiben mußte!
Als ob ich mir weiter nichts Besseres wußte
Als Verse drechseln! Schwachsinn, vermaledeiter!
Ich hoffe nur, ich werde allmählich gescheiter
Und lebe, wie alle Leute leben,
Ohne der Menschheit gereimt davon Kunde zu geben!"
So übelgelaunt bin ich. Und die Leser meinen, ich sei
Ein Seraph an Sanftmut und fehlerfrei.
So schreiben sie mir und wollen von mir auch noch *Rat*.
Selbst die Klügsten sind *dumm* und verwechseln Dichtung
  und Tat.
Dabei sind die Worte Sekret verzweifelter Seelenzustände.
Geschleudertsein zwischen Ende, Anfang und Ende. –
Schwamm drüber! Pfeif drauf! Laß es gehn, wie es geht!

Ein Hundsfott, wer die Dichter versteht.

Welt

Stillhalten. Sich um nichts bemühen.
Nicht um Reisen und Ruhm, nicht um Liebe und Geld.
Es kommt, was soll. Zu frühen
Ruhm soll man fürchten. In unserer Welt
Ist nichts ohne Preis des Verzichtes zu haben.
Die lange entbehrten sind entbehrliche Gaben.
Ist man alt genug, schätzt man hoch, was man hat:
Einen Sonnenmorgen im frühen April.
An der Birke das erste knospende Blatt.
Und die Freiheit zu sagen: ich will,
Ich will nicht. Niemand kann mich zwingen,
Um Geld oder Ruhm mein Lied zu singen,
Wenn ich beides nicht brauche. Ich kann drauf verzichten,
Daß man mich kennt. Ich kann heimlich dichten.
Und immer ist da, wo ich bin, die Welt.

Frieden

Ich schlafe mit dir. Du schläfst mit mir.
Wir schlafen mitnander. Kindliches Wort.
Frieden: kein Wildern in fremdem Revier.
Ich nur mit dir. Du nur mit mir.
Die Welt ist ein bewohnbarer Ort.

Mohn

Des Purpurmohnes Blütenstaub:
Schwarz. Tod aus Schlaf. Aus Lust: Vergehen.
Zur Nacht fiel aus dem Flammenlaub
Der roten Blüte schwarzer Staub.
Und um die Blüte wars geschehen.

So liebten wir. Nur eine Nacht,
Weißt du es noch, war uns gegeben.
Wir nänntens Schicksal. Keine Macht
Half uns dagegen, eine Nacht
Mußte genügen für ein Leben.

Des roten Mohnes schwarzer Staub
Wie Tod aus Schlaf, aus Lust Vergehen.
Zur Nacht fiel aus dem Flammenlaub
Der Purpurblüte Todesstaub.
Und um die Blüte wars geschehen.

Konvention

Reproduktion von Leben:
Weihnachten, Ostern, Pfingsten, Neujahr,
Auch Geburtstag hat es schon zigmal gegeben.
Und nichts mehr so sehr, so sehr, wie es war.
Alles hat sich in Rituale verwandelt.
Ihre Abläufe sind seit Jahrzehnten bekannt . . .
Mit Gefühlen wird bei uns sparsam gehandelt.
Und von den Worten werden die kleinen genannt.
Und dennoch droht man herauszufallen
Aus dem Spiel, manches Mal, wie ein Schauspieler,
Der seine Rolle vergaß.
Aber gestützt von den anderen allen,
Kommt man weiter im Text, nach dem Schrecken mit
Spaß
Und einverständigen Augen-Blicken,
Und man weiß, auch die Nächsten sehn: Schicht um
Schicht
Von unsren verflochtenen Lebensgeschicken
Formt sich zu Legende, Mär und Gedicht . . .
Denn schließlich ist es *Leben* gewesen
Und Liebe, was uns zusammenhielt.
Wer nur geübt ist, Fabeln zu lesen
Und nicht, was drunter im Tieferen spielt,
Könnte versucht sein, von uns zu sagen:
Wie konventionell lebten sie dahin
Im Wechsel von Arbeits- und Feiertagen,
Ungefährdet von schweifendem Freiheitssinn . . .
Aber versammelt ums häusliche Feuer
Haben wir Welten und Menschen erfahren.
Und unsere *wirklichen* Abenteuer
Zählen wir nicht nach den äußeren Jahren.

Sternwind

Fibröses Befinden. Unruhe. Mond.
Mond im September. Der Abend ist weiß.
Von greller Helle.
Mich quält meine Seele.
Sie will sich ergießen in Worten. Heiß
Und kalt und klar wie das Licht.
Doch ohne Begriffe bleibt das Gedicht.
Nur Schluchzen und Schütteln. Sternwind weht.
Mond im September. Das Leben vergeht.

Fluch

Während ich mich mühe, das Rauchen zu lassen,
Um mein Leben nicht länger aufs Spiel zu setzen,
Berechnet grad einer ballistische Trassen,
Um mich und die Meinen mit Tod zu verletzen ...
Und mit dieser Last von sinnlosem Sinn
Schleppen wir uns schon so viele Jahre dahin,
Wie mit ererbter, untilgbarer Schuld,
Ohne Hoffnung auf Gnade, in niemandes Huld.
Doch immer bereit, an Vernunft zu glauben:
Daß sehen die Blinden und hören die Tauben.
Und was abhängt von mir, wird immer geschehen.
Ich will nicht, daß wir zugrunde gehen.
Und drum will ich auch das Rauchen aufgeben,
Denn schließlich will ich noch lange leben
Und nicht so bald unterm Rasen liegen.

Nur: verflucht sein die Krieger mit ihren Kriegen.

Qual

Wachsend Gefühl von Vergeblichkeit.
In den Wind gestreuter Lebensbemühung.
Verspätungsgefühl. Fern fern die Zeit
Jugendlich kühner Lebensverfrühung,
Die Zukunft vorwegnahm. Jetzt trifft mich Haß
Von meinem Nächsten, den ich doch liebe.
Zu allem andern nun auch noch das!
Kann es sein, daß endlich von allem nichts bliebe
Als Qual der Wiedergewinnung von *Ich*,
War es Lüge, jahrelang *wir* zu sagen?
Wenn *du* mich nicht brauchst, ich brauche mich
In den der Zukunft noch übrigen Tagen,
Um bündig meine Wahrheit zu sprechen,
Die, lange verhalten, in mir drängend bebt:
Ich werd unsre Einheit tränenlos brechen
Und sagen: *so* hab ich *wirklich* gelebt.

Schuld

Eskalation von Schuld:
Noch immer zerren, scheints, Götter die Schnur
Unsres Schicksals. Ihre wolkige Spur
Steht manchmal in Lüften. Die ebene Linie,
Unseres Lebens strebend gedachte Gerade,
Verwirren sie achtlos: Gestrüpp ohne Pfade,
Aus dem wir uns abmühn, ist jäh draus geworden.
Und sie entschwinden in johlenden Horden,
Donnernd und lodernd, und nennen es Segen,
Wenn wir noch Arme und Beine bewegen
Und himmelauf blicken und keuchen können,
Um ihre leuchtenden Namen zu nennen:
„O Zeus, o Allmacht und Allgegenwart
Und Allesweisheit! Und ist sie auch hart
Für uns Menschen und schlägt sie uns nieder!
Nur du bringst uns Licht, und wir singen dir Lieder! . . .“
Perverses Bild! Und doch nicht zu sagen,
Wer unser Leben so schamlos verdreht,
Daß immer das Ende anders ausgeht,
Als der Anfang gemeint war, und müssen es tragen,
So viele Kränkung, Schuld und Verlust!
Und wüßten wir Antwort den Schicksalsfragen,
Wir könnten doch gegen die Götter nicht klagen.

Wenn sie uns nur lassen, wir leben mit Lust.

Gram

Ich friere von innen heraus:
Ich habe Korrektur gelesen
Für meinen Gedichtband.
Nie sind die Gedichte so schlecht gewesen,
Wie sie mir heut erschienen sind:
Hohlformen für gesäuselten Wind.
Und wieder der Vorsatz: nie mehr zu schreiben
In Versen. Von nun an nur noch bei Prosa zu bleiben,
Beim nacktesten, nüchternsten Zustandsbericht.
Denn eine Droge ist das Gedicht,
Rausch, dessen man als Normalmensch sich schämt . . .
Das bin ich heute und deshalb vergrämt
Und friere von innen heraus.

Analyse

All meine Liebschaften waren,
Die Wahrheit zu sagen, wenig erfreulich.
Warn Selbsthypnose als Heilverfahren.
Im Ablauf der Szenen lehrbuchgetreulich.
Das sag ich im Nachhinein, aus Distanz
Von Jahren, Jahrzehnten. Damals war
Liebe für mich *die* Lebenssubstanz,
Kern einer Frucht, den man sprengen muß.
Ich heiligte im Geheimen ein Jahr
Für einen sündigen nächtlichen Kuß.
Und lang bewahrt ich Erinnerung
Zärtlich an Flüchtige, die ich einst kannte.
Nun aber, weise geworden, unjung,
Ins Abseits des Lebens ergeben Verbannte,
Seh ich, daß sie nur Sinnbilder waren,
Symbolfiguren für Jugend und Glück.
Ich sollte an ihnen mich selber erfahren
Und sehne mir keinen mehr keinen zurück.

Gift

Geschenkte Tage. Gestundete Zeit.
Nochleben, wenn andre grausam vergehen.
Das untergründige Weltgeschehen
Macht sich in meinen Gedanken breit
Und entwertet mir alles: Freude und Liebe,
Arbeit. Alles ist toxisch gefärbt.
Jedwedes harmlose Wort, das ich schriebe,
Wäre schon an der Wurzel verderbt.
Was kann ich machen, hier wo ich bin,
Und was mit meinem Leben verändern?
Nichts. Doch auf meinen Sinn
Schlagen Haß und Leid aus sehr fernen Ländern.

IV

Kolportage

Mir ist wohl etwas Seltsames geschehn:
Jemand verliebte sich in mich. Über Gedichte!
Sehr eine peinliche Geschichte.
Zum Weinen und zum Lachen. Zu verstehen

Nicht. Wie kann ein Mann,
Der schon erfahren ist, sich denn verlieben
In ein Phantom? Geist war es doch, was da
geschrieben!
Er aber trug mir Liebe an

Und litt, weil ich nicht nehmen wollte,
Was er mir bot: und zwar sein *Leben*.
Er wollte es mir, dienend, geben.
Der abgewiesne Werber grollte

Mit mir, als hätt ich ihn betrogen!
So mißverständlich sind Gedichte!
Diese verdrießliche Geschichte
Hab ich mir kürzlich zugezogen,

Als ich grad meinem Leben fluchte
Mit seinem Dauerzwang zum Schreiben.
Ich suchte Worte, die mir bleiben.
Nicht Liebe war es, was ich suchte.

Oder belüge ich mich? Spreche,
Nichtdichtend, nur, was mir bewußt?
Gibt es nicht doch geheime Lust,
Verführung, Hingabe und Schwäche

In den Gedichten? Doppelspiel?
Aufrichtig will ich zu mir sein:
Ich sagte jenem Mann wohl Nein,
Weil er, als Mann, mir nicht gefiel.

Septembersonne

Die schönste Sonne ist im September.
Das hab ich schon oft gesagt.
Ich hab auch oft schon, daß ich dich liebe
Und immer mit Wahrheit gesagt.
Sonst schweige ich lieber. Es gab schon Zeiten,
Da hab ich geschwiegen auf deine Frage.
Die schönste Sonne ist im September.
Sie scheint auf für uns selige Tage.

Anomalie

Ich möchte aufhören können, Gedichte zu schreiben.
So wie man sich wünscht, das Rauchen zu lassen.
Ich möchte mich gern leben lassen
Und nicht mich zur Verzweiflung treiben.
Das ist ja krankhaft, die Wortesucht,
Ein Wurm im Hirn, eine Anomalie.
Ich bin wie immer auf der Flucht.
Das Ziel erreiche ich doch nie:
Frieden und Ende aller Fragen.
Nichts bleibt mir von den schönsten Tagen.
Schreiben schafft niemals Harmonie.
Nur Unlust, Sturz in Selbstverneinung.
Und wieder sich daraus erheben!
Wie gut wär es, vor der Erscheinung
Der Welt sprachlos im Glück zu leben.

Persischer Flieder

Der Mischduft von übel und angenehm,
Von widrig und süß: gleicht er nicht dem Leben?
Die Bögen der Bäume, blühend in creme,
Die Piešťanys Parks so persisch umgeben,
Wie Schaumschnee, brandend an Kaspische Küsten,
Sie reizen saugend das Auge hin.
Doch naht man ihnen, schlägt das Gelüsten,
Erfüllt, als trübe Täuschung den Sinn.

Lied

Zwei Tage noch und die Linde belaubt sich.
Drei Tage noch und der Flieder wird blühn.
Und wäre man jung, so fände man einen
Und würde blind sein an ihm und glühn.
So aber sagt man: die Linde belaubt sich.
Drei Tage noch und der Flieder erblaut.
Als wärs eine Weisheit. Ist aber nur Rede.
Und wird einem eng in der alternden Haut.

Treue

Mitleid – das ist die stärkere Liebe.
Erbarmen ist es, das uns erhält.
Wenn uns nur Sinnesentzückung triebe,
Wir wären verloren, denn jeder verfällt
Immer wieder der Jugend. So sind wir verwiesen
Auf Güte und Mitleid, um immerzulieben.
Nicht jene und jenen, nein diese und diesen.
Daß, der mich jung liebte, mich weiter werthält,
Dazu braucht es Großmut und heiteren Sinn
Und Einsicht ins Leben als Leben zum Ende.
Gefaßt gehn wir Alternden lächelnd dahin
Und halten in eins unsre welkenden Hände.

Im Dickicht

Unsre schönen Wälder, die bergenden Gründe
Des Auenwaldes am sumpfigen See.
Birken und Erlen bewachsen die Schlünde
Des moorigen Ufers. Ich geh
Nach Zeiten wieder die Wildpfade ab.
Hier ritten wir einst im wechselnden Trab
In der Dämmrung des Winterabends heimzu,
Wenn überm See schon der Nebelsud schwärte.
Ich als dein Zögling und dein Gefährte.
Der Lenker und Stifter von allem warst du
In den Jahren der Jugend. Du hast mich gelehrt
Nicht nur, wie man verwächst mit dem Pferd,
Sondern vor allem die Wege zu sehn
Und Spuren und Zeichen so zu verstehn,
Daß die Bewegung vorausfühlbar wird
Und das Zögern des Reiters das Pferd nicht beirrt.
So in anderm und allem. Und immer wieder
Sagtest du mir, ich sollte die Lieder,
Wie nur ich sie höre, in Worte schreiben
Und nicht beim Wägen und Wünschen bleiben.
Fang an! Mach dich frei! Wag es, ich zu sagen!
Jede Antwort ist nur die Folge von Fragen.
Und man fragt nicht, ohne sein Ich preiszugeben.
Sprich! Und das bald! Du hast nur ein Leben!
Und das darf nicht vergehen! Verliere es nicht!
Und ich folgte und fing im Flug das Gedicht.
Mit dem Mutsprung, den du mich beim Reiten
gelehrt,
Schwang ich mich auf das geflügelte Pferd.
Und es trug mich. Es litt mich. Es nahm mich an!
Gelenkt vom Gedanken: Ich will und ich kann.

So bin ich ins Dickicht der Sprache geritten,
In die schönen Wälder, die bergenden Gründe.
Dann hab ich in Urwaldung Schneisen geschnitten,
Überm schwanken Grunde anmooriger Schlünde.
Immer weiter vorauf. Immer tiefer hinein.

Längst bin ich auf meinem Wege allein.

Das Lächeln des Dichters

Vor drei Jahren. Auch Herbst. In Belgrad, der Stadt,
Die Straßen mit alten Platanen hat.
Ich bin da allein gegangen
Und habe die Stadt in mir angefangen
Als Bild der Erinnrung. Damals hat mir
Vasco Popa eine serbische Tasche geschenkt.
(Spontane Geste des Hausherrn). In ihr
Ist von ihm, der an mich nicht mehr denkt
Und nicht weiß, wer ich bin, ein Lächeln bewahrt.
Ich hatte es bisher aufgespart,
Weil ich wußte, ein Tag würde einmal kommen,
An dem mir so kalt wäre und beklommen,
Daß mich nach einem Lächeln bangt,
Das mir einer gibt. Unverlangt,
Nicht Lohn und Antwort, nicht milde Gabe.
Das Lächeln Popas, das ich habe,
Traf mich als Zufall, frei von Meinung.
Und traf mich so wie die Erscheinung
Einer Königskerze, die einsam steht
Am serbischen Fels und vom Blühen geht
Ins Winterdasein als zähes Gestänge:
Menetekel der Zeit: Von solcher Strenge
Und Reife bestandener Jahre
Ist das Lächeln des Dichters, das ich bewahre
Und heut meinem kalten Gesicht auflege.
Er ahnt nichts. Und ist doch auf meinem Wege.

Dämmerung

Die Freunde sind verstreut.
Nicht nur in verschiedenen Ländern.
Wir wurden auch älter und mußten uns ändern.
Was hilft es, wenn man bereut,
Daß man dem einen noch traute,
Als man schon ahnte, er ist es nicht wert.
Schön war es doch, als man unbeschwert
In *eine* Zukunft schaute.

Nun sind die Wege für immer getrennt.
Zu Höflichkeit ist die Freundschaft erstarrt.
Und einer verübelt dem andern die Art,
Wie er sich zur Zeit bekennt.

Man ist einsam geworden und lacht nicht mehr
In lärmenden Nächten frei heraus.
Doch Erinnrung daran bewohnt unser Haus
Und macht manchmal die Abende schwer,
Vor allem im Herbst, wenn Dämmerung fällt
Und die Strenge des Lebens deutlich wird.
Und das alte Gefühl für die Freunde durchirrt,
Auf der Suche nach ihnen, die kältere Welt.

Schiomgwime

Den Freunden Nodar, Nico, Reso

Es rufen mich an die Oktobertage
Mit makellos wolkenlos glanzblauen Lüften!
Und endlich versteh ich den Ursprung der Frage:
Sie kommt von Georgiens Bergen und Klüften.
So war ja der Sonntag vor einem Jahr,
Da ich mit Freunden hoch oben war
In Schiomgwime, dem Felsennest
Gelehrter Mönche. Ein Lebensfest
War dieser Tag, an dem nichts geschah,
Als daß ich vom Berge in Täler sah,
Wo Leben der Neuzeit die Straßen befuhr.
Aber am Felsen war noch die Spur
Von lange vergangenem Leben zu sehn.
Die Zellen der Mönche. Nicht mehr als zehn
In dem zum Tal gerichteten Haus.
Die Galerie hing ins Tiefe hinaus,
Auf die die Kammern der Brüder führen.
Und wenn sie hier bei geöffneten Türen
Meditierten, war um sie die Leere
Des Äthers. Keine irdische Schwere
Drang an. Und es schienen die Zeiten
Lautlos zu münden in Ewigkeiten.
Die warn ein gesteigert georgischer Tag
Mit Freudenfeuern und Sphärengesängen.
Und nichts verhieß jenen Wetterschlag,
Der das Heiligenleben von diesen Hängen,
Wo es sich einst in Höhlen verbarg,
Hinfegen würde in alle Winde . . .
Im Kirchengewölb noch ein steinerner Sarg
Und, lächelnd, die Jungfrau mit ihrem Kinde.

Fragen

In letzter Zeit habe ich gehört
Von Menschen, die ich im Einklang dachte
Mit ihrem Leben:
„Es war nicht drum, daß ich Fische heimbrachte,
Als ich Angeln war.
Ich wollte allein sein mit mir und denken."
Ein andrer, der auf den Hochsitz geht
Gegen Abend: „Da draußen kann ich mich
In mich versenken.
Ich brauche das Alleinsein mit mir,
Fern von Familiengetümmel und Pflichten.
Ich jage nicht mehr. Mich dauert das Tier.
Ich will nicht mehr mit der Büchse richten,
Was leben soll und was nicht. Mein eigenes Leben
Hat mir genug zu richten gegeben.
Mühsam erring ich das Gleichgewicht
Für den kommenden Tag. Zwischen Neigung und
Pflicht
Der Pfad ist verwachsen. Ich seh ihn nicht
mehr.
So oder so muß ich handeln. Und das fällt mir
schwer."
Eine Frau schreibt: „Ich brauche die nächtliche
Stille,
In der keiner von mir etwas wollen kann.
Da frage ich mich: ist das alles mein Wille?
Mach ich weiter so, oder fange ich an,
Nach meinem Recht und Bedürfnis zu handeln?
Raten Sie mir! Läßt sich Leben noch wandeln,
Wenn die Formen so fest sind, in denen es läuft?"
Ich frage: wie kommt es, daß Zweifel sich häuft,

Daß Verlangen nach Freiheit so mächtig wird
Und Sehnsucht nach einem anderen Leben.
Zuviele fühln sich in Zwänge geschirrt
Und wollen sich nicht dem Schicksal ergeben.
Sind das Wohlstandsneurosen? Ist es Glaubensverlust,
Haß auf den dauernden Kompromiß,
Der Leben bedeutet? Wird er vielen bewußt?
Was Wunder! Auch ich bin mir niemals gewiß,
Daß ich handle nach meinen besseren Kräften,
Den Gesetzen folge, die ahnbar sind.
Auch mich zwingt Scheinpflicht zu Tagesgeschäften,
Bei denen man nichts als Verlust gewinnt.

Rauch

Auf dem Kahlschlag schwelen Feuer seit Tagen
In der Humusschicht unterm Heidekraut.
Reisig und Strauchwerk sind abgetragen.
Nur noch Asche und Öde. Rauch, der blaut,
Zieht Fäden in die silbrige Luft
Des Oktoberabends und bitteren Duft
In die geruchlose Spätherbstkühle . . .
Ich schüre den schwelenden Sand und wühle
Glimmende Glut zu Funken auf.
Stehende Flammen fallen in Lauf
Und Kiefernnadeln und Kienzapfen an.
Es knackt und knistert . . . Ich weiß nicht, wann
Ich zuletzt so glücklich war . . .
Der bittere Rauchgeruch sättigt mein Haar
Und saugt sich ins Vlies des Wollmantels ein.
Und ich stehe im leeren Abend allein
Und bin frei und wunschlos und lebe gern.
Und über den Hügeln der erste Stern
Und ein Mond wie gedacht, haarfeines Horn.
Und die Lust hört nicht auf, sie ist immer davorn,
Wo der Rauch hintreibt mit dem eisigen Wind.
Und genauso fühlte ich damals als Kind,
Wenn Reisigrauch von Herbstfeuern trieb.
Und eines ist, was ich liebte und lieb.
Das Leben ein einziger Atemhauch.
Ziehend und fliehend. Von Feuern ein Rauch.

Herbst in Berlin

Ich habe das gern, in Berlin zu *sehn.*
Ich seh einfach gern in fremde Gesichter.
Ich habe das gern jetzt im Herbst, wenn die Lichter
Und Lampen im Zwielicht angehn.
Es gibt in der Stadt ein perlmutternes Licht,
Das im Umkreis der Neonlampen entsteht.
Türkis–violett. Auf einer Schicht
Weißen Silbers. Schön, wenn man geht
Vom Strausberger Platz zum Frankfurter Tor
Links der Allee. Vor
Den Blumenrabatten, die Baumreihen lang.
Da sitzen die Leute Bank an Bank.
Unfesche Leute. Einfach. Viel alt.
Doch auch Jugend viel. In purer Gestalt
Das Volk dieser Stadt hält Atempause.
Raucht, schwatzt und geht gelassen nach Hause.
Mit dem Licht in sich, das zu Apfelrot reifte,
Und dem Lächeln, an das man zufällig streifte,
Als ein schönes Mädchen vorüberging,
Das ein reiner Junge wie erstmals umfing,
Nicht auf herausfordernd offene Weise,
Sondern verlegen, lächelnd und leise,
Wie Liebe in Märchen von Andersen geht.
Und das Bild dieser Stadt, das die beiden umsteht –
Kulisse unbedingt glückhafter Handlung –
Geht vom Abend zur Nacht in die nächste Verwandlung.

Der junge Stendhal in Paris 1805

Mauserung des Genies:
Wie Staupe bei jungen Hunden.
Verletzlichkeit des häßlichen Mannes.
Geistreichelei über heimlichen Wunden,
Die Liebe schlägt. Diese Gier nach Liebe!
Die nicht käuflich ist, die den Geist erwählt.
Florettgeplänkel und Säbelhiebe:
Der Nebenbuhler wird ausgezählt
Im Tagebuch, mit Worten vernichtet.
Er weiß es längst, wie man besser dichtet.
Wenn er sechstausend *francs* Renten hätte,
Käme er los von der Schüchternheit
Und legte sich schreibend an die Kette.
Aber noch ist es nicht an der Zeit.
Er läuft in Salons, um bekannt zu werden.
Er übt sich als Mime, um sprechen zu lernen
Und studiert die natürlich–erhabnen Gebärden
Bei angealterten Bühnensternen.
Er liebt den Ruhm. Er will ihn erzwingen.
Er macht Projekte für Opern und Stücke.
Doch nichts will gehen. Nichts will gelingen.
Das weiße Papier widersteht voller Tücke
Dem Aufschwung des Herzens. Der fügt sich
nicht
Zu Worten, die groß sind wie die Gedanken.
Er sieht nachts im Spiegel sein wildes Gesicht
Und kommt vom Anspruch ans Glück ins Wanken,
Der in ihm wütet: Weshalb ist er
Hineingeboren in diese Gestalt,
Die den Geist behindert? Plump und schwer
Warum? Welcher Dämon hat ihn in Gewalt

Und will ihn zwingen, einsam zu bleiben,
In der Liebe nie anders als glücklos zu sein,
Um rasend in Büchern von Liebe zu schreiben
Und im Wortrausch vom Schmerz der Wollust zu schrein?
Könnte er tauschen, er tauschte sich um.
Er würde schlank sein und leichthin leben.
Jung sein und schön sein. Reich. Läßlich dumm.
Er würde die Qual seiner Seele drum geben,
Seinen einzigen Schatz. Er kennt seine Seele.
Sie ist größer als alle, die er sonst kennt.
Er lebt schon nach ihrem strengen Befehle.
Auch wenn ihn der Neid auf die Glücklichen brennt.

Dorn

Auf dem letzten Drittel der Lebensbahn.
Längst über den Scheitelpunkt hinaus.
Im leer gewordenen Elternhaus
Der Kinder, die wir heranwachsen sahn.

Zurückgeworfen, auf uns verwiesen.
Was bleibt zu tun und was bleibt zu hoffen?
Ist nur der Weg zum Ende hin offen,
Läßt er sich umgehn, wähln wir jenen statt diesen?

Die wirklichen Kraftproben kommen erst jetzt.
Jetzt ist Gefahr, in Gram zu verfallen,
Enttäuscht von der Zeit und von allem und allen,
Vom Dorn nie mehr blühender Rose verletzt,

In einem kühlen Herbste von Zeit
Gläsern Gefühle der Jugend nachklingen,
So daß es uns stimmt, vom Frühling zu singen,
Dabei will es Winter werden und schneit.

O jetzt braucht es List, nicht in Spiegel zu sehen
Oder sie atmend mit Wärme zu trüben,
Und ohne Rücksicht auf Schwäche zu üben,
Über die Grenze der Kräfte zu gehen.

Und nichts mehr von Lust? Ist die Lust vorbei?
„Seine Zeit hat alles, und ist es vergangen,
Heißt es, entschlossen das Neue anfangen.
Und wenn es der Anfang vom Ende sei."

Heitres Gedicht

Die Abenteuer des Hundes als junger Mann:
Am schmelzenden Seerand nach Eis zu greifen
Und die gläsernen Platten, wenn er es kann,
Im Fang balancierend, an Land zu schleifen.
Er zittert vor Nässe und Lebenslust.
Sein Leben ein einziges Abenteuer!
Auf seiner weißen, beperlten Brust
Entzündet die Sonne ein Funkenfeuer.
Ich schlepp ihn gewaltsam vom Seeufer
fort.
Er könnte sich an der Märzluft erkälten . . .
Der Kleine Rhin fließt an unserem Ort
Vorbei in die Rheinsberger Welten.
Er kommt aus dem Thörnsee als Rinnsal
geflossen,
Doch schon von hohem Erlholz markiert,
An dem die Keime der Blattknospen sprossen,
Eh es die Früchte vom Vorjahr verliert,
Schuppige Küglein, die Sämlein entließen,
Die sich im moorigen Boden gefallen,
Dem neue Erlenwäldchen entsprießen,
Die sich im schwanken Grunde festkrallen . . .
Das abgebrochene Erlenholz
Dient dem Hundejüngling zu neuem Beweise
Für Kunstfertigkeit. Er federt es
Über die sich begrünende Schneise
Hinauf zum Kiefernwald, um da
Nach mir und vor allem nach Beifall zu
sehen.
Ich lobe und lächle und sage dann: Ja,
Jetzt aber heißts, nach Hause zu gehen.

Genug der Abenteuer! Die Pflicht
Ruft uns heim, schließlich muß ich auch schreiben!
Mit dir gibt es höchstens ein heitres Gedicht.
Aber ich will doch was Ernsthaftes treiben . . .

Trost

Täglich erreichen mich traurige Briefe.
Überall Krankheit, Verhängnis und Tod.
Daß ich nicht leichten Sinnes einschliefe,
Genügt schon der Freunde Bedrängnis und Not.
Und dann noch die große Bedrohung des Lebens:
Kriegswut. Das lächelnd gemeine Gesicht
Des Mächtigen, der, als wär alles vergebens
Gewesen, Waffen verspricht,
Bomben, die *sauber* sind, für den Frieden,
Für Freiheit des Geistes und *das*: Kultur.
Hat man auch jede Berührung vermieden
Mit eiferndem Haß, seine hämische Spur
Preßt sich ins Hirn und läßt uns nicht
schlafen,
Und wenn, sind die Träume von Ängsten
verzerrt.
Die Seele sucht zitternd ruhigen Hafen,
Doch ist jede Fluchtbucht von Schrecken
versperrt.
Tags heißt es wieder, ins Lichte zu sehen,
Mit Willenshilfe sich aufzurichten.
Es gibt nur den Satz: Es wird nicht geschehen.
Wir werden es zwingen, uns nicht zu vernichten.
Und Freunden Trost! Das Wort kann nicht heilen.
Es hilft nicht mehr als die menschliche Hand.
Doch kann es Gewißheit und Güte mitteilen:
Was uns in helleren Tagen verband,
Verbindet uns auch in Tagen der Trauer,
Bei Krankheit, Verzweiflung und jedem Verlust.
Wir bauen zwar alle nicht auf die Dauer
Und sind uns wohl der Vergängnis bewußt,

Aber wir wollen mit Kräften nicht sparen
Und ohne Furcht vor Verkümmerung geben.
Und trifft es einst uns, sind wir leiderfahren
Und können das Leiden mit Kraft überleben.

Beschwerde über das Verstummen der Brunnen von Piešťany im Mai 1980

Die Brunnen springen nicht dieses Jahr.
Die Vögel können aus ihnen nicht trinken.
Was immer der Grund des Versiegens war,
Vielleicht, daß man Stromkraft am Wasser spar –
Denn daß die Wasser steigen und sinken,
Dazu braucht es energetische Kraft –
Der heitre Maitag ist stumm und erschlafft,
Und nicht nur Meisen, Amseln und Finken
Und türkische Täuber sind drum verlegen,
Die sich sonst labend am Wasser erregen,
Die Federn feuchten, die Kehlen kühlen –
Auch wir sind enttäuscht in unsren Gefühlen.
Denn wenn die wechselnden Wasser rinnen,
Läßt sich so gut übers Leben sinnen,
Und einverständig mit unserem Leben,
Mit all seinem Steigen, Fallen und Heben
Im Hingang zu unseren schwindenden Zielen,
Warn wir im Mai, wenn die Wasser spielen
Um einen Drehpunkt aus reinem Nichts
Vor ihrem Fall in die fließende Zeit.

Und sahen auf die Beugung des Lichts
Im raunenden Brunnen mit Heiterkeit.

Jedan dan

Für Izet Sarajlić

In Sarajevo, der *Liebesstadt*,
Der Stadt, die ich liebe, in der ich liebe,
(Was längst Vergangenheitsform für mich hat),
Hörte ich einmal ein kleines Gedicht,
Das ich ums Leben gern schriebe,
Geschrieben hätte, wäre es nicht
Längst schon geschrieben.
Es ging um Vergängnis, Leben und Lieben.
Ich habe es auf Serbisch gehört.
Freund Izet hatte es übersetzt
Aus dem Türkischen. Die Seele verletzt
Hat es mir dennoch. Der türkische Dichter –
Seinen Namen habe ich sträflich vergessen –
Buchhändler war er, berühmter, Richter
Der Zeit, die sein Leben umgab,
Das alternde Leben des gramvollen Zechers –
Doch liebten ihn viele. Die Jugend vor allem
Verehrte den trunknen Verehrer des Bechers . . .
Nicht, weil es antimoslemisch war,
Den Weingeist zu schätzen.
Sie liebte vielmehr den Übermut,
Mit dem der Alte in ätzenden Sätzen
Den Machtmißbrauch schmähte . . .
Ich aber hörte von ihm ein Gedicht,
Darin er besang, was auf Erden gut
Und einfach schön ist: Gras, Luft und Stein.
Und immer sagte er: eins ist das Beste.
Das Schönste von dreien kann eines nur sein . . .
So ging es dahin, sein getragnes Gedicht –
Auf Serbisch, von Izet – wie epische Mär.
Und klang so sangvoll sagenvoll schwer,

Und war am Ende der Erde gleich schlicht
Und einfach wie Gras und Wolke und Stein.
So endete das ersehnte Gedicht:
Eines Tags (jedan dan) wird der Tod (smrt) das
Schönste sein.
Jedan dan – smrt je nailepša . . .
Die magischen Worte sind in mir geblieben.
Und ich wünschte bei meinem endlichen Leben
Ich hätte diese Worte geschrieben.

Inspiration

Auch Puschkin hat man einst nachgesagt,
Er hätte die Inspiration verloren,
Als er den *Eugen Onegin* schrieb . . .
Wie ist dieses Buch meinem Herzen lieb!
Bei jedem Lesen wie wiedergeboren,
Wie einer, dem neu das Leben tagt,
Spring ich einher.
Wenn aber wer
In Amerika schreibt:
„Ihr kam die Inspiration abhanden . . .“
Was kränke ich mich.
Wolln sehen, wer bleibt:
Er oder ich.
Schon immer verstanden,
Oder maßten sich an zu verstehen,
Kritiker mehr als die Dichter von Kunst.
Also lassen wir ruhig Zeit drüber gehen:
Sie arbeitet meist den Dichtern zugunst.

Gabe

Ich habe schon ganz schön gelebt
Und Glück gehabt
Mit meinem Leben.
Ich wurde mit dem Wort begabt.
Die Gene habens so ergeben,
Die Paarung, die nicht glücklich war,
In sich,
So schien es mir, dem schlimmen Kind.
Ich kannte Vater, kannte Mutter,
So, wie sie mir erschienen sind.
Aber ich war schon zeitig kritisch,
Aufsässig, stolz mit strenger Lust.
Früh fühlte ich mich überlegen.
Und hab von ihnen nichts gewußt,
Scheint es mir heute. Manchmal sehe
Ich mir vergilbte Fotos an.
Wie schön und rührend war die Mutter!
Wie harmlos jener junge Mann,
Der einst mein Vater war. Die beiden haben
Sich vielleicht doch, mehr als es schien, geliebt?
Allzu verschieden sind die Gaben,
Die gleichgiltig das *Schicksal* gibt
Oder die Zeit. Sie hattens schwerer,
Als ich es hatte, mich zu finden.
Ich fand Gefährten und fand Lehrer,
Die halfen mir, mich zu entbinden
Von Fesseln, die die Eltern banden:
Armut, Unlust, Unsicherheit.
All ihr Bemühen mußt versanden.
Es war halt eine andre Zeit.
Dem Vater nahm sie noch das Leben.

Und ich erinnre mich kaum mehr,
Wie ich ihn liebte, als ich klein war.
Und dabei liebte ich ihn sehr.
Denn er war lustig, lachte mit mir
Und spielte mit mir Kinderspiel.
Und erst die Mutter! Sie tat alles,
Was sie vermochte. Das war viel:
Sie sorgte, daß ich lernen konnte,
Daß mir der Absprung früh gelang,
So daß ich mich am *Geiste* sonnte,
Als sie der Alltag niederzwang . . .
Ich habe schon ganz schön gelebt
Und Glück gehabt
Mit meinem Leben.
Ich wurde mit dem Wort begabt:
Die Eltern habens mir gegeben.

Licht

Ich will mich versuchen im Sehen des Blinden
Vermittels Gefühl, Geruch und Gehör.
Weil meine Sehkräfte sichtbarlich schwinden,
Frag ich mich: wenn ich sie wirklich verlör?
Was würde mir bleiben von sichtbaren Dingen?
Was wär meiner Seele für immer bekannt?
Daß, wenn die Amseln im Kühleren singen,
Es abendlich wird überm stilleren Land?
Und daß die Sonne die Wasser rötet,
Wenn Wasser da sind, ein Fluß, der fließt –
Die Wellchen von Schifflein aus Licht bebötet,
Ein Lichtschwalbenschwarm, der in Strudeln
  hinschießt
Und steht auf der Stelle. Es ist ja nichts weiter,
Ein gaukelndes Licht- Wind- und Wassergesicht:
Die flüchtige Schönheit, Vergänglichkeit heiter,
Bis daß die Sonne hinwegführt ihr Licht . . .
Das würde ich sehen und sehen die Eichen,
Die in der Kindzeit am Feldweg gerauscht.
Und jenen Jüngling, den nächtlichen, bleichen,
Mit dem ich einst meine Seele getauscht.

Das

Mein Gott, mein Gott, das Leben geht,
Der Juni und die Jugend gehen.
Wenn man auch manches fast versteht,
Das wird man niemals ganz verstehen.

Inhalt

I

II

III